Léonce GRASILIER

ÉVASIONS

DE

PRISONNIERS DE GUERRE

favorisées par les Francs-Maçons

SOUS NAPOLÉON Ier

(Publié pour la 1re fois dans la *Revue Internationale des Sociétés secrètes*, juillet 1912)

TROISIÈME ÉDITION

« Je suis franc-maçon ; ces bêtises-là servent toujours à quelque chose... »

(Lettre du conspirateur royaliste Rivoire, après son arrestation, à Fouché ministre de la Police générale.)

PARIS

H. DARAGON

LIBRAIRE-ÉDITEUR

98-00, RUE BLANCHE (IXe)

1913

Prix : 1 fr. 50

ÉVASIONS

DE

PRISONNIERS DE GUERRE

Cette esquisse a été publiée pour la première fois dans la Revue
Internationale des Sociétés Secrètes, n° du 15 Juillet 1912.

Léonce GRASILIER

ÉVASIONS

DE

PRISONNIERS DE GUERRE

favorisées par les Francs-Maçons

SOUS NAPOLÉON Ier

(Publié pour la 1re fois dans la *Revue Internationale des Sociétés secrètes*, juillet 1912)

TROISIÈME ÉDITION

> « *Je suis franc-maçon ; ces bêtises-là servent
> toujours à quelque chose...* »
>
> (Lettre du conspirateur royaliste Rivoire,
> après son arrestation, à Fouché ministre
> de la Police générale.)

PARIS

H. DARAGON

LIBRAIRE-ÉDITEUR

93-95, RUE BLANCHE (IXe)

1913

ÉVASIONS DE PRISONNIERS

DE GUERRE

Favorisées par les Francs-Maçons sous Napoléon Ier

« Je suis franc-maçon : ces bêtises-là servent toujours à quelque chose... »

(Lettre du conspirateur royaliste Rivoire, après son arrestation, à Fouché, ministre de la Police générale.)

Pendant les campagnes de Napoléon, il avait été établi, sur divers points de la France et des pays annexés à l'empire, de nombreux dépôts de prisonniers de guerre répartis par nationalités. A Verdun notamment, se trouvait un important contingent d'Anglais, dont quelques-uns étaient internés là, depuis la rupture de la paix d'Amiens.

Certes, la situation des prisonniers de guerre n'avait rien de gai, toutefois, comme il est avec le ciel des accommodements, il y avait pour eux des adoucissements qui dépendaient de leur conduite. Beaucoup en effet, obtinrent d'aller travailler de leur état dans des ateliers ou dans des usines françaises qui bénéficièrent parfois, de procédés avantageux de fabrication ; d'autres, des officiers, furent autorisés à voyager en France, ou à résider dans des villes plus agréables, telles que Orléans et même Paris.

Il serait hors de propos et hors des limites de cette étude, d'esquisser la vie des prisonniers de guerre dans les dépôts, particulièrement des Anglais ; il nous eût été facile cependant de démontrer qu'elle n'avait rien d'approchant de l'horrible situation des prisonniers français sur les pontons britanniques.

Un officier anglais, le major Blayney, a peint dans un livre très connu, la vie de ses compatriotes prisonniers comme lui à Verdun, sous des couleurs qui, si elles ne sont pas fort exactes, ont eu du moins pour conséquence d'aggraver les préjugés de la race [1].

Sans voir avec les yeux d'un bon Anglais, ou ceux d'un mauvais Français, on peut, à l'aide de documents officiels et privés, se faire une idée exacte de la situation. On comprendra aisément la rigueur des règlements, rigueur, que souvent venait accroître la mauvaise conduite et les coups de tête fréquents de prisonniers haineux et vaniteux, dépourvus de bonne foi et de fière dignité.

Il y eut à Verdun près de mille officiers prisonniers, parmi lesquels ne régna pas toujours la discipline qu'on était en droit d'attendre de tout gentleman.

Napoléon avait écrit, à leur sujet, du camp de Boulogne, le 15 fructidor au XIII (2 septembre 1805) à Fouché, Ministre de la Police : « ..... que le général Wirion leur fasse connaître que la première personne qui s'échappera, sera traduite devant une commission militaire et fusillée comme ayant violé sa parole »[2].

De cet ordre sévère, rigoureux, mais juste, il ne faudrait pas conclure que Napoléon fut dépourvu de magnanimité et de mansuétude à l'égard des prisonniers de guerre. Au contraire, en maintes circonstances il fit preuve de générosité et de compassion.

Le 12 mars 1906, ayant appris par l'ambassadeur de Prusse, qu'un Anglais nommé Eardley, prisonnier à Verdun, serait heureux d'obtenir la permission de retourner en Angleterre donner à son père âgé les soins qu'exigeait la déplorable situation où il était réduit ; l'Empereur s'empressa d'accorder cette permission[3].

Une autre fois, le 6 février 1812, le capitaine Hunter-Blair, aussi prisonnier à Verdun, ayant sauvé la femme et la fille du maire de cette ville lors de l'incendie de la maison qu'il habitait et où furent brûlés tous ses effets personnels ; les autorités demandèrent à l'Empereur la récompense de cet acte de dévouement et, sur le rapport qui lui fut présenté, Napoléon écrivit cette phrase laconique :

« L'échanger contre un prisonnier de son grade, prisonnier en « Angleterre[4] ».

1. *Journal d'un prisonnier Anglais 1811-1811.*

2. Archives Nationales AF IV — Correspondance de Napoléon. T.   p.

3. *Archives du Dépôt de la Guerre.*

4. *Archives historiques du Ministère de la Guerre.*
Nous ne saurions négliger de mettre loyalement en parallèle de ce fait, ce qui advint quelques mois plus tard, en Angleterre, dans une circonstance analogue.
Dans la nuit du 25 juillet 1812, un important incendie éclatait à Dumfries, où deux chirurgiens militaires français se trouvaient prisonniers sur parole ; le dévouement courageux de ces deux jeunes gens : Paul Rançon et Jean-Pierre Chapelain, fit l'admiration de toute la population. Aussitôt, une pétition des notables de la ville fut remise au prévôt pour être présentée au

Nous nous bornerons à ces deux exemples pour ne pas sortir de notre sujet.

A l'ennui, au désœuvrement, aux pertes énormes faites au jeu, à la barrière établie, plus par la parole d'honneur que par les murs de la forteresse, venaient s'ajouter les froissements de l'amour propre, les rappels de l'autorité et parfois les vexations, les injustices, les exactions de cette même autorité qui, ne fut pas toujours d'une correction et d'une honorabilité scrupuleuses. Le général Wirion, qui commanda le dépôt de Verdun après le départ du général Roussel, s'y montra sous un jour déplorable. Après bien des mois, les plaintes des prisonniers ayant enfin été écoutées, le général fut appelé à Paris pour rendre compte de sa conduite. Ses explications ne le disculpèrent point aux yeux de la commission chargée de l'examen des griefs portés contre lui, mais la procédure traînant en longueur, exacerbé, Wirion se brûla la cervelle dans une voiture de place au bois de boulogne, à quelques pas de la porte Maillot, le 3 avril 1810.

C'est ce général Wirion qui, le premier, dénonça les singuliers agissements des francs-maçons de Verdun à l'égard des prisonniers anglais ; or, quels que soient les torts de cet homme, en lisant les documents que nous produisons, on ne pourra s'empêcher de constater qu'il eut pleinement raison d'agir comme il le fit en l'occurrence.

Depuis longtemps le commandant de Verdun constatait que les évasions devenaient plus fréquentes parmi les prisonniers confiés à sa garde, et que les évadés étaient tous de ceux, fort nombreux, qui fréquentaient la loge maçonnique.

Une propagande active avait été établie par les FF∴ de Verdun auprès des Anglais exilés, oisifs, attristés et aigris par le sort.

Dans la loge, où ils se sentaient comme en dehors de leur prison, à l'abri de la rigoureuse surveillance, loin de la discipline sévère et débarrassés de la soumission à l'autorité militaire, les Anglais accoururent avec empressement. Ils évitaient, momentanément, un joug très lourd pour en prendre un bien plus dur, mais moins apparent. Ils se distrayaient en des cérémonies mystérieuses dans lesquelles ils étaient eux-mêmes acteurs, ou s'asseyaient à des banquets

gouvernement en faveur des sauveteurs étrangers, et sans aucun retard le commissaire du *Transport-Office* faisait remettre sans condition, aux deux Français, des passeports pour rentrer dans leur patrie.

Le *Times* du 7 septembre 1812, rendant compte de ces faits, ajoute :

« Ils partent en emportant l'estime et les vœux de tous les habitants de Dumfries, où ils surent se faire estimer et aimer par la dignité de leur conduite pendant toute la durée de leur internement dans cette ville. »

symboliques, passe-temps agréables à plus d'un point de vue. Dans
es conversations, les discours, il n'était question que de philanthropie, de fraternité, d'aide mutuel ; toutes ces belles paroles, ces
belles promesses demandaient à être confirmées par des actes:
Quel acte plus agréable à un prisonnier que la réalisation de
l'unique objet de ses aspirations, la liberté. Quelle plus belle mar-
que de fraternité, et de dévouement que de faciliter à un prisonnier
les moyens de recouvrer cette liberté ! Peu importent les lois de la
guerre, la puissance de l'Empereur, l'intérêt de la nation qui est
celui de chaque citoyen. Peu importent ausssi, si celui dont on
facilite la fuite revient demain en vainqueur et fait payer le prix de
sa détention, sans se soucier de la philanthropie et encore moins de
la reconnaissance. Il est patriote avant tout et il n'a nul souci des
FF.·., maîtres jobards de la veille, vaincus du lendemain. Les documents suivants que nous nous bornerons à reproduire d'après les
originaux conservés aux Archives Nationales[1], feront mieux connaître par leur authentique et simple teneur, les faits dont nous par-
lons et qu'une narration aurait rendus moins suggestifs.

.·.

Le 9 juillet 1908, le général Wirion, alors à Paris pour affaire de
service, écrivait cette lettre à Fouché.

LE GÉNÉRAL DE BRIGADE, COMMANDANT SUPÉRIEUR A VERDUN,
A SON EXCELLENCE LE SÉNATEUR MINISTRE DE LA POLICE GÉNÉRALE
DE L'EMPIRE.

Paris, le 9 juillet 1808.

MONSEIGNEUR,

Il existe dans la villle de Verdun une loge de francs-maçons dont
les sociétaires ont admis parmi eux des Anglais prisonniers de
guerre en cette place ; on m'assure que le nombre de ces Anglais
n'est pas au-dessous de cent.

Les Prisonniers de guerre anglais sont essentiellement soumis à
l'action de la police militaire ; mais la loge étant composée de
Français domiciliés à Verdun, parmi lesquels il se trouve plusieurs
membres des différentes autorités civiles, la police militaire n'est
point autorisée à pénétrer dans cet établissement pour y surveil-
ler la conduite des Anglais, et pourtant il est certain que les actions

1. Archives Nationales, série F⁷.. carton 6541. dossier 1835.

et les démarches des prisonniers de guerre ne doivent point être perdues de vue en quelque lieu qu'ils se trouvent.

Un de ces prisonniers nommé Yves Harry, qui l'était sur parole d'honneur, s'est enfui du dépôt ; tout prouve que son évasion a été favorisée ; on est à sa poursuite. « Il était maçon de la loge de Verdun ». J'ai l'honneur de placer sous les yeux de Votre Excellence un rapport de la police concernant cette évasion. L'individu désigné par ce rapport est un Français de la loge de Verdun, domicilié au Faubourg-pavé de cette ville, il se nomme Le Maire.

Votre Excellence ne pensera-t-elle pas qu'il conviendrait de défendre aux francs-maçons de Verdun de recevoir dans leur sein des Anglais prisonniers de guerre ? et d'autoriser le commandant militaire en cette place à s'assurer de l'exécution de cette disposition ? Je prie Votre Excellence de vouloir bien me transmettre à cet égard, les ordres qu'elle jugera convenable de donner, afin de prévenir toute difficulté dans l'exécution.

J'ai l'honneur de me dire avec le plus profond respect,

De Votre Excellence, Monseigneur,

le très humble et très obéissant serviteur,

WIRION.

A cette lettre était joint le rapport suivant du maréchal des logis de la gendarmerie :

Note de la conversation que j'ai eu occasion de tenir avec M. Le Maire[1] du faubourg pavé, à la suite de l'interrogatoire que j'avais fait subir à la nommée Faigre, concubine du sieur Harry et qui avait ladite conversation pour motif l'évasion du dit Harry.

Le sieur Le Maire, m'ayant engagé à boire un verre de vin chez le nommé La Guerre, aubergiste au faubourg pavé, me dit avec le ton le plus assurant et le plus sincère, qu'il n'était pas fâché que Harry fut évadé, que même il ne croirait pas avoir manqué à ses devoirs, si le hasard lui avait procuré l'occasion de le rencontrer dans sa fuite, de l'aider comme franc-maçon à la favoriser ; il m'ajouta que c'était un brave homme et qu'à sa place il en aurait fait autant. Lui ayant observé qu'il ne tenait pas le langage d'un vrai Français, il me répondit : si tu étais maçon tu penserais à l'égard d'un frère tout comme moi. Je lui répondis qu'il me laissait d'après ses dires une très mauvaise opinion de lui.

Je certifie le présent narré sincère :

Le Maréchal des Logis, MOLHE.

1. Le sieur Le Maire désigné dans ce rapport est un propriétaire riche tenant auberge au Faubourg-pavé de Verdun. (Note du général Wirion).

Rentré à Verdun, le général Wirion écrivait aussitôt au comte Réal, conseiller d'État, chargé du premier arrondissement de la Police générale au Ministère :

Verdun, le 28 Juillet 1808.

MONSIEUR LE CONSEILLER D'ÉTAT,

Il était essentiel et urgent de défendre l'admission dans la loge des francs-maçons de Verdun de tout prisonnier de guerre anglais faisant partie du dépôt établi en cette place ; mais cette première disposition prohibitive n'atteindrait pas le but que s'est proposé Son Excellence le sénateur ministre, si on n'y ajoutait pas : 1º La défense d'expédier aucun diplôme à ceux des prisonniers de guerre qui ont été admis ou affiliés à cette loge. 2º La remise de tous les diplômes expédiés jusqu'à ce jour ; je suis informé de bonne source que les Anglais élevés au grade de Maître ont reçu de semblables diplômes de la loge de Verdun ; le fugitif Edmond Temple en avait un, et il s'en est servi lors de son évasion. Un nommé Yves Harry, qui s'est enfui dans le mois de juin dernier du dépôt où il était prisonnier sur parole, avait aussi reçu un diplôme de Maître : Vous savez, Monsieur le Conseiller d'État, que les Anglais sont disposés à user de tous les moyens propres à intriguer, faire des dupes et mettre en défaut la surveillance exercée à leur égard. Si on me remet la liste de ceux à qui des diplômes ont été délivrés, je les ferai aussitôt retirer aux prisonniers qui les ont reçus et je vous les adresserai. J'ai la certitude qu'il n'y a pas eu moins de 70 Anglais reçus à la loge des francs-maçons de Verdun.

Vous penserez, sans doute, que ces nouveaux renseignements sont de nature à être pris en sérieuse considération. J'attends à cet égard les nouveaux ordres de Son Excellence.

J'ai l'honneur, Monsieur le Conseiller d'État, de vous saluer avec la plus haute considération.

Le Général commandant supérieur à Verdun,

WIRION.

Et comme suite à cette lettre, le général écrivait de nouveau à Réal :

À Verdun, le 1ᵉʳ Août 1808.

MONSIEUR LE CONSEILLER D'ÉTAT,

Le 29 juillet dernier, j'ai prescrit aux Anglais, prisonniers de guerre, qui avaient reçu des diplômes de la loge des Francs-Maçons de Verdun, soit comme sociétaires, soit comme affiliés de cette loge, de les déposer dans les 24 heures pour tout délai, entre les mains de l'officier de la gendarmerie employé sous mes ordres : jusqu'à présent, il n'en a été déposé que 9 seulement par les prisonniers désignés en l'Etat cy joint ; je suis pourtant informé qu'il en a été délivré un nombre beaucoup plus considérable, soit de la loge de Verdun, soit du Grand-Orient, à la recommandation de cette loge, aux Anglais qui en font partie ; mais pour contraindre ceux en retard de faire la remise de leurs diplômes, il serait nécessaire que la liste m'en fut communiquée et je ne puis l'obtenir que par suites d'ordres énoncés de S. E. le Sénateur Ministre, ainsi que je l'ai annoncé par le rapport que j'ai eu l'honneur de vous adresser le 28 juillet.

Agréez, Monsieur le Conseiller d'Etat, l'assurance de la haute considération avec laquelle j'ai l'honneur de vous saluer.

WIRION.

Deux ans plus tard, prenant prétexte de ce que le Général Wirion avait été appelé à Paris pour y rendre compte de sa conduite à l'égard des prisonniers, quelques-uns d'entre eux s'empressèrent de réclamer les fameux diplômes confisqués par le gouverneur de Verdun et envoyés à la Police générale.

A Son Excellence Monseigneur Le Duc d'Otrante, ministre
    de la Police Générale de l'Empire,

Verdun, le 8 janvier 1810

Monseigneur,

Les soussignés, prisonniers de guerre sur parole dans cette ville, ont l'honneur de demander à Votre Excellence la remise de leurs diplômes maçonniques, qui ont été envoyés dans les bureaux de Votre Excellence par Mons' Le général Wirion.

Comme ils ont toujours regardé ces pièces comme leurs propriétés particulières, ils osent espérer que Votre Excellence ne trouvera pas mal leur demande.

Avec beaucoup de respect, ils ont l'honneur d'être de Votre Excellence, Monseigneur

vos Serviteurs très humbles,

Ee. Barker,	*Lieutenans de*
Mc Kenzie,	*vaisseau au*
Abel Wantner-Thomas.	*service de S. M B.*

A côté de cette très humble, mais très ferme réclamation des officiers anglais, il est curieux de voir de quelle façon louvoient les Ministres Clarke et Fouché, pour savoir qui des deux donnera ou ne donnera pas l'ordre de remettre les diplômes à ces trois officiers ennemis prisonniers qui, somme toute, sont leurs FF.·.

Paris, le 26 Janvier 1810.

LE MINISTRE DE LA POLICE GÉNÉRALE,

A SON EXCELLENCE MONSIEUR LE DUC DE FELTRE, MINISTRE DE LA GUERRE.

Monsieur Le Duc, j'ai l'honneur de communiquer à Votre Excellence une pétition par laquelle les Srs Ed. Barker, Mackenzie et Abel Wantner-Thomas, prisonniers de guerre Anglais du dépôt de Verdun, réclament la remise de leurs diplômes de franc-maçonnerie. Ces diplômes leur ont été, dans le temps, retirés par Mr le général Wirion qui, en me les adressant, m'a prévenu qu'il avait cru cette mesure utile pour la sûreté du dépôt.

Votre Excellence jugera s'il convient d'accueillir la réclamation que font aujourd'hui les trois prisonniers.

Agréez, Monsieur Le Duc, l'assurance de ma haute considération.

(Minute).

Le Ministre de la Guerre, ne voulant pas trancher une question si embarrassante pour le F.·. M.·. qu'il était, fit cette réponse peu compromettante :

Paris, le 2 février 1810

LE MINISTRE DE LA GUERRE,

A SON EXCELLENCE Mgr LE DUC D'OTRANTE, MINISTRE DE LA POLICE GÉNÉRALE.

Monsieur le Duc, Votre Excellence me fait l'honneur de me consulter par sa lettre du 26 janvier, sur la remise des diplômes de franche-maçonnerie réclamés par trois officiers de marine anglaise, auxquels le général Wirion a jugé convenable de les ôter. L'envoi qui en a été fait à Votre Excellence était sans doute accompagné de renseignements sur les abus auxquels ces pièces avaient donné ou pouvaient donner lieu. Ce motif et la persuasion où je suis que Votre Excellence sait à quoi s'en tenir sur l'association maçonnique, me font penser que c'est à Elle à juger si ces diplômes peuvent être rendus ; je n'ai en ce qui me concerne, aucun motif de m'opposer à leur remise.

Agréez, Monsieur le Duc, l'assurance de ma haute considération.

Le Ministre de la Guerre,

Duc de FELTRE.

Cela ne pouvait faire l'affaire de Fouché qui, ne voulant pas prendre sur lui une décision qui pourrait un jour soulever un conflit d'attribution, répliqua :

Le 15 février, 1810

LE MINISTRE DE LA POLICE GÉNÉRALE, A SON EXCELLENCE LE MINISTRE DE LA GUERRE.

Monsieur le Duc. j'ai reçu la lettre que Votre Excellence m'a fait l'honneur de m'adresser le 2 de ce mois. en réponse à la mienne du 26 janvier, relative aux diplômes de franche-maçonnerie réclamés par trois prisonniers anglais du dépôt de Verdun.

M. le Général Wirion a pensé, dans le temps, que la sûreté des prisonniers exigeait que ces diplômes leur fussent retirés et qu'ils cessassent d'être admis dans la loge de Verdun. Je dois croire qu'il vous aura rendu compte des dispositions qu'il proposait et qu'elles ont eu l'approbation de Votre Excellence, puisque M. le Général Wirion les a exécutées aujourd'hui. Je joins ici copie des lettres qu'il a adressées à la Police sur cet objet ; Votre Excellence y verra les motifs qui l'ont déterminé à provoquer cette mesure. Les Prisonniers de guerre, étant sous la police et la surveillance immédiate de l'autorité militaire, j'ai cru devoir, sans examiner si les dangers allégués existaient réellement, faire exclure les prisonniers anglais d'une réunion, où d'après l'avis de M. le Général Wirion, ils ne pouvaient être admis sans de graves inconvénients et lui faire donner en même temps les documents qu'il me demandait par sa lettre du 1er août 1808.

Ces mêmes considérations me font penser que c'est à Votre Excellence seule qu'il appartient de juger si les motifs qui ont déterminé la mesure n'existent plus aujourd'hui, et si la demande du Sr Barker, Mackensie et Thomas peut être accueillie.

(Minute).

Quelle suite fut donnée à la demande des officiers de marine anglais ? Les pièces subséquentes qui pourraient nous la faire connaître manquent aux Archives, ou du moins nous ne les avons pas retrouvées en place.

* *

Passons maintenant à un autre fait non moins probant :

En 1812, il y avait à Besançon, parmi les prisonniers de guerre, un jeune espagnol nommé Antonio Maria de Oviedo natif de Séville, âgé de vingt-un ans, qui avait été capturé sur un navire parti de Cadix pour l'Angleterre. D'abord interné à Arras, il fut ensuite transféré au dépôt de la citadelle de Besançon[1], où sa bonne conduite lui mérita quelques faveurs entre autres celle d'aller en ville et même d'y passer parfois la nuit.

Il s'était lié là d'amitié avec un autre prisonnier de guerre, un Anglais nommé William, qui, après de longues démarches, obtint l'autorisation d'aller faire un voyage en Allemagne.

Antonio de Oviedo, qui a écrit en français sur sa vie, une sorte de mémoire dont nous avons eu le brouillon en main, raconte ainsi le départ de l'Anglais.

« Après avoir passé toute la journée avec mon ami William, je
« fus me coucher dans mon ancien lit, chez Madame Godin. Mon
« ami avait pris la précaution de se faire recevoir franc-maçon,
« pour mieux se trouver à même de passer en Angleterre ; chemin
« faisant, en effet, il parvint à l'aide de la maçonnerie, à s'embar-
« quer à Rotterdam. C'était pour moi une chose bien singulière que
« cette maçonnerie, ce n'était pas le secret qui excitait ma curio-
« sité comme secret. Jamais je n'ai eu envie de connaître les secrets
« d'autrui... ».

Cependant, de Oviedo, qui n'avait pas envie de connaître les secrets d'autrui, pensa qu'il serait bon tout de même, de se faire initier à ceux d'une société qui mettait les prisonniers à même de

---

1. En vertu de cet ordre de l'Empereur :

Schœnbrunn, 17 Août 1809.

Au Général Clarke, Comte d'Hunebourg,

Ministre de la Guerre à Paris,

Monsieur le Général Clarke, je reçois vos lettres des 10 et 11. Je ne conçois pas comment vous gardez des prisonniers de guerre anglais à Arras et à Valenciennes.

Il ne fallait pas, en général, tenir des prisonniers dans le Nord, et à plus forte raison dans cette circonstance. Renvoyez-les dans l'intérieur de la France. Ces précautions sont si simples, qu'il est étonnant que je sois obligé de les prescrire, surtout lorsque je vois dans votre rapport du 10 que ces prisonniers conspirent et s'enhardissent.

NAPOLÉON.

(Dépôt de la Guerre). — Correspondance de Napoléon.

s'évader le plus simplement du monde, et le 24 Octobre 1812, il était reçu membre, au 3° degré symbolique, en la loge des « *Amis Fidèles* », à l'Orient de Besançon.

Or, ainsi qu'on peut le constater par le diplôme qui est conservé aux Archives Nationales[1] dans les papiers saisis sur le jeune d'Oviedo, cette loge était constituée dans le 5° *régiment d'artillerie à cheval*, en garnison dans la ville.

De Oviedo, suivit l'exemple de son ami William, il fit une fugue vers l'Allemagne, d'où il s'embarqua pour l'Angleterre. Dans cette île il reçut un chaleureux accueil grâce à son titre de F.·., mais ayant eu la nostalgie du pays, il commit l'imprudence de s'embarquer de nouveau, fut repris par un corsaire français, et ne dut sa délivrance qu'à la chute de l'Empereur.

Ainsi donc, les soldats de Napoléon qui faisaient des prisonniers sur les champs de bataille, rentrés dans leur garnison s'ingéniaient, en tant que francs-maçons, à faire évader ces mêmes prisonniers.

Voilà des faits, ils sont indéniables, on les a exposés simplement : mais quoique sans esprit de parti, il est bien permis de se demander comment les habitants de Verdun comprenaient leur devoir envers la patrie en dehors de toutes formes de gouvernement et surtout comment les officiers du 5° Régiment d'artillerie à cheval de Besançon conciliaient, eux aussi, leur acte de prétendue philanthropie avec leur devoir, leur honneur et la gloire de leur chef, l'Empereur, et celle de la France, la Patrie.

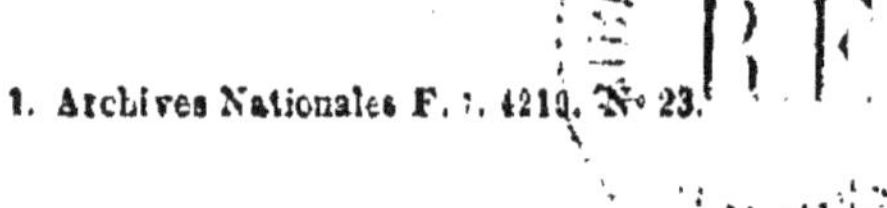

1. Archives Nationales F. 7, 4219. N° 23.